INSECTES UTILES

QUELQUES ESSAIS
DE
SÉRICICULTURE

DANS LE DÉPARTEMENT DE LA MOSELLE

Par J.-B. GÉHIN

Membre de plusieurs Sociétés savantes, nationales et étrangères

(Extrait du 9ᵉ Bulletin de la Société d'Histoire naturelle de la Moselle.)

METZ
TYPOGRAPHIE DE JULES VERRONNAIS

1860

QUELQUES ESSAIS
DE SÉRICICULTURE
Dans le département de la Moselle.

Depuis un certain nombre d'années, une maladie particulière sévit sur les vers à soie. D'abord, limitée à quelques localités ou paraissant n'atteindre que certaines races, cette maladie s'est ensuite peu à peu étendue, généralisée au point de compromettre sérieusement les riches ressources produites par l'éducation des vers à soie, et de porter ainsi un grand préjudice aux industries qui mettent en œuvre ces précieux produits dans presque toutes les contrées de l'Europe.

Que le gattine ait son origine dans l'abâtardissement des races ou dans une maladie particulière aux mûriers, ou que cette épidémie soit le résultat des mauvaises pratiques d'un grand nombre d'éleveurs, telles ne sont pas les questions qu'il s'agit de résoudre ici et pour lesquelles, d'ailleurs, j'avoue de suite ma complète insuffisance. Mais, si les nombreuses discussions théoriques ou pratiques qui se sont élevées sur cet important sujet, n'ont encore amené aucune solution satisfaisante, elles ont mis en évidence la nécessité de régénérer les races des vers à soie du mûrier, ainsi que l'introduction en Europe des autres espèces de ver à soie qui, dans l'Inde ou dans la Chine, sont élevées avec des plantes déjà cultivées en Europe, ou pouvant facilement y être acclimatées.

C'est dans le but d'atteindre ces divers résultats que, depuis cinq ou six ans surtout, les entomologistes et la société impériale d'acclimatation ont appelé l'attention publique sur les nombreuses espèces de papillons dont on peut utiliser le cocon pour en former de la soie grège, quand il est dévidable, ou de la bourre de soie, quand ce dévidage est impraticable industriellement ou d'une manière absolue.

J'avais d'abord formé le projet de donner une liste de toutes les espèces sérigènes dont on s'est occupé, et qui, dans diverses contrées de l'Europe ou de l'Algérie, pourraient être introduites et concourir ainsi à la production de la soie, non pour remplacer le bombyx du mûrier, mais pour combler le déficit des récoltes de cette espèce et fournir un nouvel aliment à l'industrie que toutes les autres nations s'efforcent d'enlever à la France. Grâce à l'obligeance de MM. Boisduval, Sallé, etc., et aux nombreux ouvrages mis à ma disposition dans ces derniers temps, j'avais déjà réuni une liste assez complète de ces espèces sérigènes, quand j'ai appris par M. le docteur Chavanne, de Lauzanne, que la tâche que je voulais entreprendre avait déjà été abandonnée par MM. Chavanne et Guérin-Méneville, parce que[*] « pour être vraiment utile, cet ouvrage devrait renfermer beau-

---

[*] Extrait d'une lettre que m'adressait M. le professeur Chavanne, en décembre 1859.

coup de planches, que celles-ci sont fort chères, et le public auquel un pareil ouvrage serait utile, est trop restreint pour permettre aux auteurs de s'en tirer sans perte sensible. » Je n'hésite pas à reconnaître mon incompétence pour traiter convenablement un projet abandonné par de pareilles autorités, et, après quelques indications générales, je ne m'occuperai que de ce qui concerne le département de la Moselle.

A l'exception d'une seule espèce (*Eucheira socialis*, Westwood) qui appartient à la grande tribu des papillons diurnes, division des Piérides, presque toutes les espèces connues de papillons sérigènes se rapportent au genre Bombyx de la tribu des papillons nocturnes. Ce genre Linnéen, très-nombreux en espèces, a été partagé en un grand nombre de sous-genres, dont un, le genre *Saturnia*, renferme les espèces qui fournissent la soie la plus propre aux usages industriels, après la soie du Bombyx du mûrier, la plus brillante et la plus belle de toutes. Le nombre des espèces sérigènes actuellement connu s'élève à 72, que l'on peut répartir de la manière suivante : 33 d'Afrique ou de Madagascar; 12 de la Chine ou de l'Inde ; 15 de l'Amérique méridionale, du Mexique ou des Antilles ; 5 de l'Amérique du Nord ; 2 de Java ; 2 d'Australie et 3 d'Europe, non compris bien entendu, les espèces acclimatées. Sans aucun doute, ce nombre augmentera encore surtout relativement aux espèces de l'Indo-Chine. On voit, par cette énumération que s'il ne s'agissait que de choisir une ou plusieurs espèces vivant dans un climat analogue à celui du nord-est de la France, la besogne ne serait pas longue et la question serait facile à résoudre. Mais, dans tout ce qui concerne les questions industrielles, et l'industrie agricole encore plus que toutes les autres, les conditions de réussite sont des plus complexes et dépendent souvent de circonstances en apparence sans valeur ou impossibles à prévoir. C'est pour n'avoir considéré qu'un seul ou un petit nombre des côtés de ces questions pratiques, qu'une foule de personnes, de très-bonne foi, se laissent souvent aller à l'espoir, d'ailleurs si séduisant, de la découverte d'une culture nouvelle, prospère même dès le début, destinée à donner des résultats fabuleux et qui cependant ne leur cause que des déceptions. L'éducation des vers à soie peut facilement prêter à ce genre d'illusion ; quoi de plus simple, par exemple, que de prendre une espèce vivant à l'état sauvage dans un climat analogue, de la nourrir avec la même plante dont on aura déjà fait l'introduction, ou de lui en substituer une congénère et ensuite de récolter la soie, sans trop s'inquiéter de sa valeur commerciale, de sa mise en œuvre, des usages auxquels elle peut servir, etc. Pour les esprits superficiels, la chose n'est pas plus difficile, et pour ceux qui, trop souvent, prennent leurs illusions pour des réalités, le problème sera résolu complètement si, au lieu d'une espèce sauvage, on prend un ver déjà domestiqué et pouvant se nourrir avec des plantes dont la culture n'est plus à importer dans le pays.

Depuis trois ou quatre ans, on s'est plus particulièrement occupé de quatre espèces sérigènes de l'Inde ou de la Chine où elles sont élevées sur le Ricin, l'Ailante ou le Chêne, et qui, par conséquent, peuvent facilement être nourries avec ces plantes qui prospèrent bien dans notre climat. D'autres espèces de l'Inde ou du nord de l'Amérique méritent également de fixer l'attention des sériciculteurs, mais je ne parlerai ici que des espèces qui, en 1858 ou en 1859, ont été l'objet de quelques expériences dans la Moselle.

1° Saturna Cynthia, (Drury).

Cette espèce est très-répandue en Chine, où elle forme l'objet d'une industrie considérable. Depuis longtemps, elle a fixé l'attention des Missionnaires en raison de l'abondance et de la solidité de la soie qu'elle produit, et aussi de la facilité avec laquelle on fait son éducation en *plein air*, sur un arbre acclimaté depuis longtemps en Europe, l'Ailante, (*Ailantus glandulosa*), de la famille des Térébenthacées.

Vers le milieu du siècle dernier, le Père d'Incarville, missionnaire en Chine, a déjà parlé d'un ver à soie qui vit à l'état sauvage sur une espèce *de Frêne* (lisez *Ailante*, ces deux arbres ayant quelque ressemblance dans le port et dans le feuillage, le Père d'Incarville les avait confondus), et d'un autre qui vit sur le Chêne. Depuis cette époque, jusqu'en 1830, il n'en est plus question, et ce n'est qu'à cette dernière date que M. Lamarre-Picquot proposa de nouveau d'introduire en Europe le ver à soie qui, en Chine, vit sur le *Vernis du Japon*; mais ce n'est qu'en 1856 que l'on a sérieusement songé à faire cette précieuse conquête sur la Chine, et en 1857, M. Griseri de Turin, faisait la première éducation du *Bombyx Cynthia*, avec les feuilles de l'*Ailantus glandulosa*. Depuis ce moment, grâce au dévouement de MM. Griseri, et Guérin-Méneville, cette espèce s'est propagée dans toute l'Europe et en Algérie, et les nombreux essais tentés jusqu'ici permettent d'espérer qu'on pourra, avec du temps et de la persévérance, arriver à quelques résultats pratiques et industriels.

Le Bombyx Cynthia pourra donner lieu à deux éducations annuelles dans le département de la Moselle, mais pour cela il faut pouvoir terminer la première éducation en juin, de manière à ce que les papillons éclosent en juillet; la deuxième éducation pourrait alors se faire en août et septembre. Le cocon du ver de l'Ailante est ouvert à l'une de ses extrémités, comme celui du grand paon de nuit, qui, dans notre pays, vit sur le poirier; malgré cette ouverture, le fil n'est pas coupé, mais seulement replié sur lui-même, ce qui permet d'obtenir de la soie grège. Malheureusement, le dévidage n'a pas encore pu être opéré industriellement; et, jusqu'à ce jour, nous en sommes réduits à faire comme les Chinois qui convertissent les cocons en bourre de soie, laquelle étant filée, sert à fabriquer des étoffes remarquables par leur bon marché et leur durée.

Le Bombyx Cynthia ne vit pas exclusivement des feuilles de l'Ailante, ainsi, à Paris, on a fait des éducations avec les feuilles du Chardon à foulon (*Dipsacus fullonum*); à Metz avec celles de l'Aulne (*Alnus glutinosa*); celles du Pêcher (*Amygdalus persica*); celles de l'*Amandier* (*Amygdalus communis*), par les soins de MM. Thomas père et fils, dans le bel établissement de MM. Simon-Louis, frères; et enfin avec la *Salvia splendens*, par M. Belhomme, directeur du Jardin botanique. Il est évident que, l'aulne excepté, on ne peut songer à remplacer avantageusement l'Ailante par l'une des plantes que je viens de citer, et nous verrons plus tard que l'aulne même ne saurait donner lieu à de bien grandes espérances.

2° Saturnia Paphia, (Linné).

Cette espèce, connue depuis longtemps par les entomologistes sous le nom spécifique de *Paphia*, a été décrite de nouveau par Donovan, sous le nom de *B. Mylitta*. Elle vit à l'état sauvage dans les Jungles du Bengale; on en recueille les cocons, appelés *Tussah*, par les Indiens, pour en extraire une soie abondante connue dans l'Inde sous le nom de

Corah. Voici d'ailleurs ce qu'en dit M. le docteur Boisduval, dans le 3ᵉ volume de la 3ᵉ série des *Annales de la société entomologique de France*, année 1854, page 750. « La *Saturnia Paphia*, Linné (*Mylitta*, Donovan), se trouve dans toutes les parties du Bengale, depuis Calcutta jusqu'à Lahore, et même dans l'Hymalaya, à la hauteur de 2000 mètres. C'est dans la partie montagneuse du Bengale, à une altitude de 200 à 500 mètres, qu'on la trouve plus abondamment et où on l'élève dans un but industriel ; sa soie y forme un article considérable de commerce. Les cocons des papillons femelles sont beaucoup plus gros que ceux des mâles, et ils atteignent souvent cinq centimètres de longueur sur trois de largeur. C'est au commencement de la saison des pluies (vers les premiers jours de juin) que les papillons sortent de leurs cocons ; quelquefois, cependant les pluies chaudes de mars ou d'avril devancent cette éclosion, mais alors ces chenilles périssent faute d'aliments, car les feuilles des arbres sur lesquelles elles se nourrissent ne sont pas encore poussées. Après l'accouplement, on rejette les papillons. Les œufs éclosent bientôt après la ponte, et les petites chenilles sont transportées dans les Jungles voisines et placées sur des arbres nommés *Assam* où *Koassam*, ou à défaut de ceux-ci, sur des arbres nommés Byer et qui remplacent (moins bien cependant) dans les plaines, les deux premiers, qui sont de montagne. »

« Pendant le temps qu'elles passent sur des arbres, elles sont gardées par des surveillants, contre les voleurs, et aussi surtout contre les oiseaux. Lorsque les cocons sont terminés, ils pendent aux branches des arbres d'où on les enlève, et après avoir mis de côté ceux qui sont destinés à la reproduction pour l'année suivante, on étouffe les autres puis on les livre à l'industrie pour être dévidés. »

« Cette soie se dévide et on en fait des tissus de soie pure ou mélangée avec le coton. Lorsque le Tussah grège a été tissé sans mélange, il produit une soie dure de couleur brunâtre désignée sous le nom de Korah qui sert à couvrir les meubles ou à faire des vêtements. Le Korah est ferme, brillant et paraît toujours propre. Mélangée de coton, la soie Tussah donne des tissus souples et d'un usage très-répandu. »

« Les arbres Assam et Koassam sont les *Terminalia alata* et *Tomentosa* de la famille des Combretacées, et propres aux contrées intertropicales. Leur acclimatation en France ne paraît donc pas possible; peut-être pourrait-elle être tentée en Algérie et dans tous les cas au Sénégal. Ces arbres sont tondus tous les ans après l'éducation des Chenilles, de manière à faciliter à la fois la surveillance et la récolte des cocons. »

A ces détails intéressants et sur lesquels je me suis un peu étendu parce que beaucoup des indications sur la manière d'élever les chenilles du Bombyx Paphia s'appliquent au ver à soie de l'ailante, il est bon d'ajouter une chose, c'est que Jacquemont avait déjà signalé cette espèce comme susceptible de culture industrielle en Europe où on peut l'élever avec le Jujubier.

En 1855, M. Guérin-Méneville a fait deux éducations, à Paris, du *Bombyx Mylitta* l'une avec des feuilles du chêne, l'autre avec celles de l'abricotier. Enfin, en 1859, des éducations ont été faites dans plusieurs localités du midi de l'Europe avec les feuilles du chêne; la plupart ont réussi. Nous n'avons pas eu d'œufs de cette espèce à notre disposition et n'avons par conséquent pu faire des expériences dans la Moselle dont le climat ne paraît pas propre à élever cette chenille en plein air.

3° Saturnia Pernyi, (Guérin).

Selon M. Boisduval et quelques entomologistes russes qui ont étudié le ver à Pékin, c'est au *Bombyx Paphia*, Lin., (*Mylitta*, Donovan) qu'il faudrait rapporter une espèce voisine décrite dernièrement par M. Guérin sous le nom de *B. Pernyi* et qui, très-répandue en Chine, y remplace l'espèce du Bengale dont il vient d'être question. Laissant de côté la question scientifique qui est relative à l'existence comme race ou comme espèce distincte des *Bombyx Paphia* et *B. Pernyi*, je dirai que les Chinois utilisent sa soie pour en faire une étoffe grossière, qui, dans leur pays, sert aux mêmes usages que la soie Tussah dans l'Inde. Cette espèce est polyphage, comme le sont beaucoup d'espèces du genre Bombyx, de notre pays; en Chine, elle se nourrit des feuilles du Jujubier et de celles d'une espèce de Chêne.

C'est en 1850 que le Père Perny, missionnaire en Chine, a envoyé à Lyon les premiers cocons de ces vers sérigènes, mais cette première éducation n'a produit que des papillons qui, n'ayant pas voulu s'accoupler, sont restés stériles et n'ont pu donner une autre génération. En 1855, par les soins de M. de Montigny, sont arrivés de nouveaux cocons vivants de cette espèce, et, depuis cette époque, les éducations se sont succédées en France, en Suisse, en Algérie, etc. La difficulté d'obtenir des accouplements parait devoir disparaître, d'une part en tenant les femelles captives, et en abandonnant les mâles qui savent bien revenir pour s'accoupler, et, d'autre part, parce que la domestication semble rendre ces mâles moins sauvages, puisque maintenant ils paraissent plus disposés à se rapprocher de la femelle en captivité qu'il y a deux ou trois ans.

Les vers querciens se nourrissent de plusieurs espèces de chêne, mais plus particulièrement de celles du Chêne à feuilles de châtaignier, et de celles du Chêne blanc; il y a donc tout lieu d'espérer qu'ils pourront être élevés dans la Moselle, et c'est pour faciliter les tentatives de ce genre qui seront faites, que je transcris ici les principales indications fournies par le Père Perny lui-même, lequel a suivi l'éducation de ce ver dans le nord de la Chine [*].

« Les principales branches de commerce de la province de Kouy-Tcheou sont le célèbre vernis de Chine, la cire blanche .... et surtout la soie du ver qui mange le chêne. Cette dernière branche a fait des progrès remarquables depuis une vingtaine d'années. Une foule de familles chinoises se sont enrichies par l'éducation de cette espèce de vers. Le revenu est fort considérable, lorsque la saison n'est pas trop pluvieuse ou que la maladie ne décime pas les jeunes vers du chêne........................ L'éducation du *Bombyx Pernyi* ne se fait pas au Kouy-Tcheou par des exploitations en grand. Chaque cultivateur qui a un coin de terrain, une colline propre à une plantation de chêne, élève des vers à soie en plus ou moins grande quantité, sans se détourner de ses travaux. Le plus souvent il ne dévide pas ses cocons lui-même, il vend ses cocons à d'autres Chinois qui parcourent les campagnes pour ces sortes d'achats; ordinairement les cocons se vendent au millier, le prix varie chaque année selon l'abondance et la saison qu'on a eues. Les cocons de la première récolte sont préférés à ceux de la seconde, car une particularité propre à ce ver du chêne est de donner deux cocons dans l'année .... J'arrive à l'éducation du ver: si le printemps commence par des cha-

---

[*] V. *Bulletin de la société impériale d'acclimatation*, tome V, page 317.

leurs subites et fortes, on éprouve beaucoup de pertes pour la semence, alors les papillons sortent trop prématurément; si, au contraire, l'éclosion est tardive, on l'accélère en chauffant la chambre qui renferme les cocons. On visite assidûment cette chambre, lorsque le papillon a déployé ses ailes; on l'attache légèrement avec un fil afin de l'empêcher de voltiger dans l'appartement. On place un mâle à côté d'une femelle et l'accouplement se fait instinctivement; on ne le laisse pas durer plus d'un jour, puis le mâle séparé est jeté de côté.......... Les femelles fécondées sont placées dans de grandes corbeilles, non pas de bambou, mais d'osier, tressées avec soin. Les femelles préfèrent ces corbeilles d'osier à toutes autres. Trois jours après la fécondation, elles pondent leurs œufs qu'une liqueur glutineuse tient collé sur l'écorce des branches d'osier de la corbeille. Selon le degré de température, l'éclosion de l'œuf a lieu de 8 ou 10 jours après. Au Kouy-Tcheou, cette éclosion a lieu en avril; le climat de cette province est tempéré. On présente des branches de feuillage aux jeunes vers. Quand ils les couvrent, la corbeille est portée sur la montagne où est la forêt de chênes. Ces chênes sont peu élevés; en général, ils ont de $1^m,50$ à 2^m de hauteur. On ne les cultive point, on se borne à les émonder, de manière à en favoriser les pousses. On tient propre le sol, afin de pouvoir recueillir plus facilement les vers qui tombent à terre; soit pour ce soin, soit pour donner la chasse aux oiseaux qui sont avides de vers à soie, il y a une personne de garde autour de la plantation, en poussant un cri, agitant une crécelle, ou quelquefois tirant un coup de fusil, on éloigne les oiseaux ennemis des vers à soie. »

« Le ver à soie du chêne change de figure, comme disent nos Chinois, jusqu'à quatre fois, assez rarement cinq fois, cependant cela arrive. L'intervalle entre les métamor-

phoses est de 8 à 9 jours. On a remarqué que la température froide ou chaude accélérait ou retardait ces changements de face. Les vers à soie ne s'égarent pas ; lorsqu'ils ont mangé le feuillage d'un arbre ou arbuste, on les prend avec dextérité et on les place sur un arbre voisin.................
Après la dernière mue, le ver fait son cocon ordinairement en un jour, deux au plus ; la cueillette se fait successivement deux ou trois jours après l'achèvement des cocons. Les premiers cocons se recueillent environ 40 à 45 jours après l'exposition sur la plantation de chênes. »

Avec des indications aussi précises, il sera facile de faire quelques tentatives d'éducation, si l'on peut se procurer des cocons ou des œufs du *Bombyx Pernyi*. En terminant, je rappellerai encore que dès 1855, M. Bureau, dans le but de faciliter la fécondation des œufs de cette espèce, a proposé la fécondation artificielle en mettant à profit la vitalité extraordinaire que conservent les organes de la génération des mâles de certains papillons. Je ne sais, si l'on a mis ce procédé en pratique quelque part, mais les tentatives faites par moi, en 1859, pour féconder artificiellement des femelles de *Bombyx Cynthia* ne m'ont donné que des résultats négatifs.

4° Saturnia Ricini, (Boisduval).

C'est sous ce nom que M. Boisduval a, *le premier*, décrit cette espèce, alors que M. Guérin le considérait comme le vrai *B. Cynthia* de Drury, et que M. Milne Edwards le désignait sous le nom de *B. Arrindia* ; dès 1854, M. Baruffi, de Turin a fait la première éducation de cette espèce ; et, dans le mois de septembre de la même année, d'autres éducations ont été faites avec les œufs obtenus par les soins de M. Baruffi. Depuis cette époque, et, jusqu'en 1858, de nombreuses relations ont été faites des éducations ou de l'emploi du cocon de cette espèce sérigène; mais il est bon de faire observer que, pendant toute cette période, on a désigné ce Bombyx sous le nom spécifique de *B. Cynthia,* tandis qu'il est hors de doute maintenant que le vrai *Cynthia* de Drury est le Bombyx qui vit sur l'ailante et dont il a été question plus haut. La *Saturnia Ricini* ou plus simplement le Bombyx du ricin, est élevé dans l'Inde pour la qualité remarquable de la soie qu'il fournit. Il est polyphage et peut être élevé avec les feuilles de plusieurs espèces du genre *Jambolifera* (arbres de la famille des Rutacées) ; celles de l'oranger et celles de Ricin (*Ricinus communis* L.). En Italie, en France et en Algérie, on a même fait des éducations avec les feuilles du chardon à foulon (*Dipsacus fullonum*) et celles du chou ordinaire.

En 1858, M. E. de Saulcy a reçu de M. Guérin-Méneville des œufs du Bombyx du ricin ; ces œufs, dont quelques-uns m'ont été donnés, sont éclos beaucoup plus vite que nous ne nous y attendions, et les vers trop pressés de naître nous ayant trouvés sans feuilles de ricin, nous avons, chacun de notre côté, cherché à y suppléer par une alimentation à notre portée.

Les miens ont été nourris, les uns, pendant quelques jours, avec de la laitue, mais tous ceux qui ont été mis à ce régime ont succombé à la fin du premier âge ; les autres, nourris avec les feuilles des *Salix fragilis, capra* ou *alba,* n'ont pas tardé à périr misérablement.

Au Jardin Botanique de Metz, où M. de Saulcy avait placé le restant de ses vers, ils ont été nourris avec les feuilles du *Salix Babylonica,* celles de l'*Astilbe rivularis,* plante du Népaul poussant vigoureusement dans notre pays, celles de l'*Impatiens Royleana,* mais tous ont péri à des âges différents. Cinq ou six cocons seulement ont été obtenus des vers qui ont été constamment nourris avec les feuilles du ricin, qu'ils dévoraient à mesure de leur développement sur la plante. Cet insuccès démontre suffisamment l'impossibilité d'élever industriellement le Bombyx du ricin dans notre département, où, d'ailleurs, la culture du ricin ne saurait donner de résultats satisfaisants. Dans le midi de la France même, où cette plante peut déjà être l'objet d'une grande culture, on ne peut non plus y fonder de trop grandes espérances, car le Bombyx du ricin n'hiverne pas, c'est-à-dire que ces éducations se succèdent sans interruption, de manière à fournir six ou sept générations par année ; et si, sous le rapport du produit, cette circonstance est heureuse, il faut, pour être mise à profit, que le climat permette une végétation continue comme cela a lieu dans l'Inde et comme peut-être on pourra l'obtenir en Algérie.

Quant à faire en grand des éducations de cette espèce sérigène avec les feuilles du *Dipsacus fullonum*, en laissant de côté les conséquences que cette alimentation peut avoir sur les descendants futurs du Bombyx soumis à ce régime, il est certain que, dans notre pays du moins, les cultivateurs qui élèvent cette plante auront plus d'avantages à lui conserver ses feuilles pour donner au fruit tout le développement dont il est susceptible et fournir ainsi à l'industrie des draps et des flanelles, les cardes dont elles ne peuvent encore se passer.

5° Métis des Bombyx Cynthia et Ricini.

Le Bombyx Cynthia, que je désignerai désormais sous le nom de Bombyx de l'Ailante, étant une espèce très-voisine de celle du Ricin, M. Guérin-Méneville a eu l'idée de croiser ces deux espèces afin d'en obtenir une race dont les qualités sont assez difficiles à déterminer à priori, puisque c'est à peine si l'on connait celles des parents. En même temps, M. Kauffmann, de Berlin, cherchait à créer une race en croisant les Bombyx du Mûrier avec ceux de l'Ailante. Comme les Métis obtenus par M. Guérin éclosent beaucoup plus tôt que les vers de l'Ailante non croisés, et que c'est là une des conditions de réussite de l'éducation de ces Bombyx dans notre localité, je donnerai les résultats obtenus par cette race Métis avec autant de développement que ceux qui concerneront les vers de l'Ailante.

L'hybridation des papillons n'est pas un fait physiologique nouveau dans la science, mais on sait aussi que, si les premiers accouplements adultérins donnent des produits féconds, ceux qui en naissent ne le sont que rarement, et qu'à la troisième génération, la nature un instant trompée, reprend ses droits, soit par la stérilité des derniers œufs pondus, soit par le retour à l'un ou à l'autre des types primitifs ; nous verrons plus tard une nouvelle preuve de cette fixité de l'espèce.

6° Bombyx Mori, (Linné).

Le département de la Moselle n'a pas attendu la généralisation de la crise que j'ai signalée en commençant, concernant l'industrie séricicole du midi de la France pour entrer dans la lice et tenter de concourir aussi à la production de la soie du Bombyx du Mûrier. Il résulte en effet de documents certains, que déjà vers la fin du siècle dernier, de nombreux mûriers ont été plantés dans plusieurs localités de nos environs, particulièrement à Arnaville, à Lorry-devant-Metz, à Tichémont, etc., etc. Plusieurs éducations de vers à soie ont même eu lieu à Arnaville ; mais, les troubles de la Révolution et les guerres de l'Empire ont fait abandonner ces premières tentatives, et il faut arriver à

1840, pour retrouver de nouveaux planteurs de mûriers, et aux années qui suivirent pour constater de nouvelles éducations du Bombyx du Mûrier de quelque importance.

A cette époque, en effet, un élan particulier avait été imprimé à toute la France ; de toutes parts il n'était question que de magnaneries, de mûriers et de filatures, etc. Dans la Moselle, des plantations de mûriers furent faites à Moulins-lès-Metz, par M. Adam ; à Woippy, par M. Gillot; à Châtel-St-Germain, par M. Haro ; à Briey, par M. Henry; à Corny, par M. Vautrin ; à Jouy-aux-Arches, par M. Suby, etc., etc., des éducations ont été faites par chacun d'eux, et on peut évaluer à plusieurs milles kilogrammes la quantité de cocons obtenus par ces magnaniers, et estimer à environ quinze hectares la superficie du sol employé en plantations de mûrier. Alors on trouvait autant d'illusions et d'enthousiasme pour le Bombyx du Mûrier, que aujourd'hui, on rencontre de promesses et d'espérances pour les Bombyx du Ricin, de l'Ailante ou du Chêne. Cependant, de toutes ces plantations, il ne reste plus que celle de M. Gillot, laquelle sert à donner du fourrage à des vaches pendant l'été ; le reste a été coupé ou arraché. Ce n'est pas la gelée, ni les intempéries qui les ont détruites, pas plus que la gattine, la muscardine n'a fait renoncer à la sériciculture, mais tout simplement par un détail qu'on n'avait pas prévu ou dont on avait fait trop bon marché. Les cocons étant produits, il fallait, en effet, les dévider ; et, ne pouvant le faire dans la Moselle, on dût les envoyer au loin pour être vendus à des conditions impossibles à débattre entre le producteur et le filateur. Il est incontestable, en effet, que la culture du mûrier puisse parfaitement se faire dans notre département ; que les vers à soie y prospèrent bien et y ont produit de la soie dont les qualités ont été constatées à diverses expositions;

mais que, malgré tout ces succès, l'industrie séricicole ne saurait être reprise dans la Moselle tant qu'on ne pourra pas y dévider les cocons, car il faut éviter les frais de leur transport à bref délai, les inconvénients qui en résultent, et surtout pouvoir rester libre de vendre sa grège, sa filoselle ou ses cocons, selon sa convenance.

Dans l'état particulier de souffrance où se trouvent un grand nombre de localités où on élève le Bombyx du Mûrier, et vu la difficulté de se procurer de la graine dans de bonnes conditions, il serait peut-être avantageux d'utiliser les quelques mûriers qui restent çà et là aux environs de Metz, en faisant des éducations dans le but de produire de la graine destinée à propager des races nouvelles ou celles qui n'ont pas encore été atteintes par la maladie. Un essai fait par M. de Saulcy, en 1859, semble justifier ces espérances. En effet, des œufs de race persane ayant été envoyés à Metz par M. Guérin, dont le nom se retrouve chaque fois qu'il est question d'amélioration séricicole, ont commencé à éclore dès le 6 avril, mais la masse des naissances n'a eu lieu que plus tard; comme les premiers vers sortis n'ont voulu manger ni scorçonnère ni laitue, ils sont morts, et il n'y a que les derniers vers éclos qui aient pu être nourris avec les feuilles de mûrier. Les choses se sont passées normalement pendant un certain temps, mais leur ayant une fois donné des feuilles de mûrier, qui avaient une teinte jaunâtre et qui provenaient probablement d'un arbre malade, toutes périrent moins celles qui, étant en mue, n'avaient pas touché à la fatale nourriture. Instruit par cette triste expérience, M. de Saulcy est revenu à l'emploi de feuilles plus saines, et l'éducation s'est terminée sans encombre. Au moment de la montée, vers le 20 juin, les vers avaient une dimension énorme; à la fin du mois, tous étaient en cocons, ceux-ci m'ont été remis par M. de Saulcy ; ils étaient magnifiques, blancs, rugueux, fermes et présentaient tous les caractères d'une bonne réussite. Les papillons étaient bien conformés, les ailes bien développées, les mâles vifs et très-ardents, les accouplements rapidement faits et duraient de 10 à 12 heures ; enfin, les œufs étaient pleins et de couleur gris cendré dès le troisième jour.

De tout ce qui précède, il résulte évidemment qu'il n'y a aucune témérité à essayer de nouveau la production de la soie dans le département de la Moselle, non avec le Bombyx du mûrier, nous avons vu pourquoi, mais avec les Bombyx de l'ailante et du chêne. Ces deux plantes croissant parfaitement dans le département, et les vers de ces deux papillons pouvant s'élever en plein air, on évitera ainsi la main d'œuvre et les frais d'un matériel indispensable, quand il s'agit du ver à soie ordinaire.

Grâce à l'obligeance de M. Guérin-Méneville, nous avons eu des graines du Bombyx de l'Ailante et des graines de Métis de cette espèce et de celle du Ricin. Une première éducation du Métis a d'abord été faite par les soins de M. de Saulcy, les autres l'ont été par MM. Belhomme, au Jardin Botanique de Metz ; Moreau, propriétaire à Daspich ; Thomas, chef de culture chez MM. Simon-Louis frères et Géhin ; les conditions ont été variées autant que possible et tous les résultats m'ayant été communiqués, j'en publie aujourd'hui les principales circonstances afin que l'expérience acquise puisse être mise à profit et que ceux qui nous suivront dans cette voie, sachent bien à quels résultats ils peuvent arriver. Sans parti pris d'avance, c'est-à-dire sans illusion comme sans esprit de dénigrement, je ne veux poser que les premiers jalons d'une route longue, difficile, pleine d'incertitude, si l'on veut, mais qui peut aussi conduire, sans dépenses ni aventure, à créer en Europe, une industrie nouvelle, accessible à tous, pouvant surtout être mise en pratique par les femmes, les enfants, les invalides, et enfin créer ce que M. Guérin appelle la soie du pauvre.

Éducation du Bombyx Métis de l'Ailante et du Ricin.

N° 1. Le 17 mai 1859, M. E. de Sauley a reçu de Paris 103 œufs du Bombyx métis de l'ailante et du ricin. Ces œufs avaient été pondus les 14 et 15 mai. L'éclosion a commencé le 30 mai et a continué jusqu'au 8 juin après avoir produit 75 chenilles en tout. Les jeunes vers ont été élevés à l'abri et sur des feuilles d'ailante dont la base, afin de les maintenir toujours fraîches, plongeait dans l'eau. Les diverses mues se sont accomplies sans encombre, le premier ver a filé le 29 juin et les derniers se sont mis en cocon le 28 juillet. L'éducation a duré en moyenne 28 jours, et a produit 54 cocons. La température moyenne du mois de juin a été de 19°,6 le maximum était de 30°,1 et a été observé le 28 juin à quatre heures du soir ; le minimum de 10°,6 a eu lieu le 15 juin à huit heures du matin.

A mesure que les feuilles d'ailante se flétrissaient, elles étaient remplacées par de nouvelles, mises à proximité et sur lesquelles les vers se rendaient d'eux-mêmes en temps ordinaire, mais pendant les premiers âges, et surtout à l'époque des mues, les vers ne changeaient pas de place, et la feuille se flétrissant davantage ou même se desséchant complétement, devenait impropre à toute espèce d'alimentation ; les vers qui y étaient fixés ne sachant ou ne pouvant pas émigrer, il en est mort plusieurs de ceux qui sont restés sur les feuilles sèches. C'est surtout pendant le premier âge que cette cause de mortalité se fait le plus sentir ; et, dans la pratique en grand, je crois qu'il vaudrait mieux, à moins d'intempéries exceptionnelles, exposer immédiatement les vers sur les ailantes que de les conserver à l'abri sur des feuilles dont la plus grande partie est perdue et sur lesquelles périssent une notable quantité de jeunes chenilles.

Les 54 cocons obtenus de cette première éducation ont commencé à produire des papillons le 28 juillet et les éclosions ont continué jusqu'au 10 août. Les 6 cocons qui, à cette époque, n'avaient pas encore fourni leur insecte, ont été sacrifiés, les ayant jugés impropres à donner une bonne graine. Les mâles étaient très-vigoureux et l'accouplement se faisait rapidement ; comme j'ai obtenu plus de mâles qu'il n'en fallait pour couvrir toutes les femelles, les accouplements n'ont pas été troublés et les sexes se sont séparés d'eux-mêmes au bout de 24, 48 ou 72 heures ; la ponte a commencé le jour même ou le lendemain de l'accouplement ; elle a duré environ 10 jours et a fourni en tout 13 grammes d'œufs qui ont servi aux éducations suivantes :

N° 2. Cette éducation a été faite chez moi sur des feuilles d'Ailante plongeant dans l'eau et placées en plein air, mais à couvert.

Commencée le 15 août avec des œufs pondus le 31 juillet, elle n'a été terminée que dans la dernière quinzaine du mois d'octobre ; elle a duré en moyenne 55 jours, mais les premiers vers qui ont filé, n'ont mis que 45 jours pour opérer toute leur évolution, tandis que les derniers ne se sont mis à filer que le 75ᵉ jour après l'éclosion ; 950 œufs n'ont fourni que 665 chenilles, dont 382 seulement se sont mises en cocons.

La plus grande mortalité a surtout eu lieu pendant le premier âge et par les causes que j'ai indiquées précédemment; beaucoup de ces chenilles, en sortant de la première mue, n'ont plus trouvé que des feuilles en partie flétries et impropres à réparer leurs forces épuisées par le jeûne qui précède et accompagne chaque changement de peau.

Ces vers n'ont jamais été rentrés pendant la nuit, ils ont donc eu à supporter la fraîcheur des longues nuits de septembre et d'octobre, et c'est bien certainement à cette circonstance qu'il faut attribuer la longue durée de cette éducation.

N° 3. Éducation faite chez moi avec des feuilles d'Ailante plongeant dans l'eau et placées en plein air sans abri. Commencée le 10 août avec des œufs pondus le 27 juillet, elle n'a été terminée que le 30 octobre, elle a par conséquent duré 81 jours au maximum, le minimum ayant été de 40 jours, la moyenne de l'éducation est de 60 jours. 917 chenilles bien vigoureuses, provenant de 1600 œufs, n'ont fourni que 408 cocons en tout semblables à ceux des éducations précédentes. La mortalité la plus grande s'est encore manifestée dans les premiers âges et aussi pendant les pluies froides des derniers jours de septembre, ce qui, sans doute, a également contribué à prolonger la durée du dernier âge, qui a été de 18 jours chez quelques-uns.

N° 4. Éducation faite en Plantières dans les serres de MM. Simon-Louis frères et par les soins de M. Thomas fils. Commencée le 16 août avec des œufs pondus le 28 juillet, elle a été terminée le 26 septembre, soit en moyenne 35 jours seulement, 150 chenilles n'ont produit que 40 cocons parce que beaucoup de jeunes vers se sont perdus dans le premier âge, et que d'autres sont encore morts dans les mêmes circonstances que dans les précédentes éducations. Vers la fin, la mortalité a été nulle, et les cocons obtenus étaient magnifiques; ce sont les plus gros qui aient été produits cette année dans la Moselle. Les 150 chenilles avaient été fournies par 264 œufs.

N° 5. Éducation faite en Plantières, par les soins de M. Thomas fils, en plein air, sur des drageons d'ailante de l'année et abrités seulement par une plantation de Paulownias au milieu de laquelle ils se trouvaient.

200 vers provenant de 310 œufs ont été placés sur trois sujets différents le 18 août. Trois jours après, il restait à peine la moitié des jeunes larves; les autres avaient disparu. Elles étaient mortes, non à cause des intempéries ou de l'une des causes qui ont été signalées jusqu'ici, mais victimes des fourmis et des larves d'hémérobes (celles de l'*Hemerobius perla*, F.) dont plusieurs ont été surprises *flagrante delicto*. Le 10 sept. il ne restait plus que 44 vers bien vigoureux qui en étaient à leur troisième mue, et qui ont produit 42 cocons bien conditionnés, mais, quoiqu'on en ait dit, pas plus gros que ceux qui provenaient des vers élevés à l'abri. Cette éducation en plein air a duré 47 jours, au maximum, et seulement 35 en moyenne, et les cocons qu'elle a donnés, étaient plus résistants que les autres, moins parcheminés, mais d'un poids qui ne dépassait pas en moyenne ceux des autres éducations. Ces vers ont eu à supporter un fort coup de vent pendant la journée du 22 août, une légère pluie les 26 et 28 août, un grand vent et un brouillard froid et épais le 29, une bourrasque le 31, une gelée blanche pendant les nuits du 1er et du 2 septembre et enfin une pluie froide et continuelle, en août, pendant les derniers jours de leur existence à l'état de vers. La tempéra-

ture moyenne a été de 19°,5; le maximun était de 35°,7, le 8 août, à quatre heures du soir; le minimum de 1°,7, le 18 août, à huit heures du matin. Pendant le mois de septembre, la température moyenne a été de 15°,6; le maximum était 24°,6, le 24 septembre, à quatre heures du soir, et le minimum de 6°,2, le 19, à huit heures du matin.

N° 6. Cette éducation a été faite au Jardin Botanique de Metz par les soins de M. Belhomme.

430 œufs pondus dans les premiers jours d'août n'ont produit que 93 chenilles dont une partie placée en plein air sur de jeunes ailantes d'un semis fait au printemps; au bout de quatre jours toutes avaient disparu dévorées par les fourmis et par les araignées. Les autres vers ont été élevés à l'abri, sur des feuilles d'ailante plongées dans l'eau et à une température constante de 18 degrés centigrades. 60 vers ont donné 52 cocons. L'éducation a duré en moyenne 52 jours et, au maximum, 67 jours du 20 août au 27 octobre.

N° 7. 55 chenilles, provenant des derniers œufs pondus au commencement d'août ont été élevées par moi en plein air, sur des feuilles d'ailante coupées, elles ont été remises à M. Moreau, de Daspich, pour être élevées en plein air, sur l'ailante, le 2 septembre, époque à laquelle il en restait encore 25 prêtes à opérer leur troisième mue.

Je laisse à cet amateur zélé pour les progrès des sciences naturelles le soin de rendre compte des résultats auxquels il est arrivé. « Vous vous souvenez, m'écrivait M. Moreau, m'avoir donné 25 chenilles, dont quelques-unes étaient déjà d'une certaine grosseur; aussitôt mon arrivée à Daspich je les ai placées sur un vernis du Japon d'au moins 5 mètres d'élévation placé au milieu d'une pelouse, par conséquent peu à l'abri du vent et sur des feuilles qui n'étaient pas de pousses d'août. Les grands vents d'ouest que nous avons e à la fin du mois commençaient à souffler et le froid à se fair sentir. Deux jours après, en faisant ma visite habituelle, m'a été impossible d'en retrouver une vivante, pas plus qu'un morte. Sont-ce les moineaux qui les avaient mangées, je ne l crois pas, ceux-ci étaient occupés après les graines de chanvre et l'arbre se trouvant près de la maison ; du reste, comme j'avais disséminé les chenilles, il est peu probable qu'ils les auraient trouvés toutes en une seule nuit. »

Cette expérience négative ne saurait non plus être attribuée aux fourmis, les chenilles étant déjà trop grandes, ni à la température, car elles en supportent une bien plus basse sans paraître en souffrir. Ce ne peut être, selon moi, que le grand vent qui les aura enlevées, et ceci indique la forme sous laquelle il convient d'élever des ailantes pour y faire des éducations du Bombyx Cynthia.

Ces sept expériences sont les seules que nous ayons faites ou suivies avec les Métis des Bombyx de l'Ailante et du Ricin. Après avoir signalé toutes les circonstances qui sont particulières à chacune d'elles, il me reste encore à consigner ici les observations qui leur sont communes et les conséquences qu'on en peut tirer.

Les œufs reçus de Paris, et qui probablement provenaient du premier accouplement adultérin, n'ont produit que 75 éclosions pour 103 œufs, mais lors de la deuxième génération nous n'avons plus obtenu que 57 pour 100 d'éclosions, le nombre des œufs stériles s'est donc considérablement augmenté, et sans craindre de se tromper beaucoup, on peut déjà prévoir, dans les résultats de la ponte du printemps prochain, une plus grande proportion de ces œufs stériles. Cet argument, en faveur de la fixité absolue de l'espèce, reçoit encore une nouvelle confirmation dans l'aspect particulier des chenilles et même des cocons obtenus de la deuxième génération. En effet, les chenilles provenant des œufs envoyés par M. Guérin présentaient à tous les âges les caractères particuliers qui appartiennent à la chenille du Bombyx du Ricin, et les cocons qu'elles ont donnés ressemblaient aussi à ceux obtenus en 1858 lors de l'éducation faite à Metz avec le Bombyx du Ricin. Lors de la seconde génération, et jusqu'à la troisième mue, rien de particulier ne s'est fait remarquer dans les caractères extérieurs des chenilles du Métis, mais au quatrième âge les choses prirent un tout autre aspect, et il était facile de trouver des chenilles ayant la belle teinte azurée qui orne les côtés latéraux, les fausses pattes et le dernier anneau des chenilles du Bombyx du Ricin, ainsi que la couleur blanche des parties écailleuses de la tête et des pattes. D'autres chenilles du Métis avaient au contraire ces parties écailleuses jaunes, les fausses pattes, le dernier anneau et les côtés latéraux d'un vert jaunâtre analogue aux chenilles du Bombyx de l'Ailante. Il y a donc là un retour manifeste au type primitif; la nature surprise un instant reprend ses droits et tout fait présager la stérilité propre aux accouplements adultérins. Les cocons produits par les éducations 2, 3, 4, 5 et 6 ont également présenté, quoique à un moindre degré de développement, le même phénomène caractéristique ; ainsi, les uns ont la teinte rouille propre aux cocons du Bombyx du Ricin, les autres, et c'était le plus grand nombre, présentaient la teinte fauve des cocons du Bombyx de l'Ailante.

Une autre particularité difficile à expliquer, c'est une inégalité remarquable et constante à tous les âges, entre des vers éclos le même jour et constamment soumis aux mêmes conditions. Il est arrivé plusieurs fois que des vers commençaient à filer quand leurs frères, nés du même jour, n'en étaient encore qu'au troisième âge. Ce grave inconvénient dans la pratique tient peut-être à notre inexpérience; et, dans tous les cas, il demande à être corrigé.

De ce qui précède on est en droit de conclure que, si la race Métis proposée par M. Guérin est utile, il faudra pendant longtemps peut-être régénérer constamment les œufs destinés à la culture en grand, ce qui semble peu praticable d'une manière économique, il paraît donc préférable de bien acclimater les espèces du ricin et de l'ailante, d'en bien étudier les qualités et les défauts avant de chercher à croiser ces races, sans guides plus certains que ceux que l'on possède jusqu'à présent. Dans la Moselle, d'ailleurs, comme on ne peut y élever le Bombyx du Ricin, il ne serait pas possible d'aller tous les ans demander au midi de l'Europe ou à l'Algérie la graine destinée aux éducations à opérer; je considère comme superflues toutes les tentatives ultérieures à faire sur cette prétendue race, à un point de vue industriel au moins; quant aux résultats physiologiques, ils sont, ainsi que nous l'avons déjà dit, faciles à prévoir, et nul doute que l'expérience ne vienne en 1860 confirmer ce que nous avons annoncé*.

* Avant de terminer ce qui est relatif au Bombyx du Métis, je dois encore signaler ici les tentatives faites par M. Thomas pour élever ces chenilles avec d'autres plantes que l'ailante.

Les vers n'ont pas voulu manger les feuilles du noyer, du sumac, du frêne, ni du tilleul; ils ont vécu quelques jours avec des feuilles d'orme, de vigne, de marronnier, de ptelea ou d'érable, mais le plus grand nombre n'a pu dépasser le premier âge et le reste a péri avant la seconde mue. Une éducation complète, avec une perte de 50 pour cent, cependant, a pu être faite avec les feuilles du pêcher, et une autre avec les feuilles de l'amandier. Ces résultats sont de peu d'importance dans la Moselle, mais il se pourrait qu'on les mît à profit dans le midi de la France. Enfin une éducation entière, sans pertes plus grandes que celles que l'on a eu à subir avec les feuilles de l'ailante, a été faite avec les feuilles de l'aulne (*Alnus glutinosa*).

Éducation du Bombyx de l'Ailante.

N° 8. Le 3 juillet 1859, M. Guérin a adressé de Toulon à M. E. de Saulcy, 397 œufs récemment pondus du Bombyx de l'Ailante. Ces œufs sont arrivés à Metz le 5, et, quand on a ouvert le tuyau de plume qui les contenait il y avait déjà deux éclosions. La température était de 33°. Placés immédiatement sur des feuilles de papier humide la température restant aussi élevée les jours suivants, les éclosions ont continué, mais en petit nombre, jusqu'au 10 juillet, époque à laquelle l'éclosion a eu lieu en masse; les jeunes vers ont été partagés entre plusieurs personnes pour servir à des éducations variées, ainsi que nous l'avions déjà fait pour les vers Métis.

150 chenilles écloses le 12 juillet ont été élevées chez moi sur des feuilles d'Ailante plongées dans l'eau et placées en plein air, mais à couvert.

La mortalité a été insignifiante dans les premiers âges, et les vers ont parfaitement traversé toutes les phases de leur existence. Les premiers cocons ont été formés le 10 août et les derniers le 16. Cette éducation n'a donc duré que 30 jours en moyenne et 35 au maximum. Elle a produit 130 cocons bien conditionnés et semblables, sauf la couleur, à ceux qui avaient été obtenus par la première éducation du Métis.

N° 9. Éducation faite chez moi sur des feuilles d'Ailante coupées, en plein air, sans abri.

Seulement cette éducation a été en retard de 4 jours sur une éducation commencée en même temps avec des feuilles d'ailante. Je pense que ce résultat est bon à constater aujourd'hui, nous verrons plus tard quelles espérances on peut fonder sur lui.

100 chenilles écloses du 5 au 10 juillet ont commencé à donner leur cocon le 3 août, et le 16, toute l'éducation était terminée. Elle n'avait duré que 42 jours, au maximum, et 29 en moyenne, car les cinq sixièmes des chenilles filaient leur cocon le 5 août. Elle a produit 90 cocons bien conformés mais plus minces que ceux de l'éducation précédente. Ces vers ont eu à supporter une petite pluie les 22 et 23 juillet et la fraîcheur des nuits suivantes. La mortalité a été presque nulle dans le premier âge, bien que ces vers n'aient pas été traités autrement que ceux des autres éducations.

N° 10. Education faite à l'abri sur des feuilles d'Ailante, par M. Fridrici avec quelques vers éclos le 11 juillet et qui tous ont donné des cocons bien conformés dans le délai moyen de 30 jours. Cette expérience n'a d'ailleurs rien présenté de particulier, et je n'en parle que pour tenir compte de tous les documents mis à ma disposition par les personnes qui ont bien voulu seconder mes tentatives.

Les expériences n°^{os} 8, 9 et 10 sont les seules qui aient été faites avec la première génération du ver de l'Ailante, les 307 œufs envoyés par M. Guérin ayant produit 288 chenilles dont une douzaine sont mortes accidentellement avant le commencement de leur éducation. J'ai obtenu en tout 255 cocons; c'est donc un rendement de 85 pour cent. Ces cocons n'ont commencé à donner des papillons que le 29 août, les éclosions peu nombreuses d'abord et ne produisant que des mâles pendant les premiers jours, ne sont devenues plus abondantes que vers le 6 septembre; les mâles étaient ardents et cherchaient à s'accoupler aussitôt que leurs ailes étaient développées et qu'elles avaient pris, par l'introduction de l'air dans les nervures et leur dissécation, la consistance qui leur est propre. Cette éclosion tardive des papillons, qui ne s'est terminée que le 15 septembre, aurait peut-être pu être devancée et accélérée, si j'avais connu à cette époque la recommandation faite à ce sujet par le Père d'Incarville, qui conseille d'exposer les cocons à une atmosphère chaude et humide, la sortie des papillons se faisant, en Chine, ordinairement pendant les pluies et huit à dix jours après la formation du cocon.

La ponte a commencé le 2 septembre. Les œufs sont sphériques, d'un jaune verdâtre, quand ils sont encore humides, recouverts d'un enduit visqueux qui les fait adhérer entr'eux ou sur les corps où ils sont déposés par la femelle, sans aucun ordre, en tas, en ligne, ou les uns sur les autres sur un seul rang, comme les cailloux d'une muraille en pierres sèches. Pondus depuis 24 heures, ils sont blancs et mats, souvent parsemés de taches noirâtres produites par les poils ou les écailles brunes qui se détachent du corps et des ailes des papillons pendant les mouvements qu'ils font. Un gramme de ces œufs en renferme 450 (560 selon M. Hardy), ce qui correspond à environ 15 mille œufs par once de graine (une once de graine de ver à soie du Mûrier, renferme ordinairement 30 mille œufs).

Le nombre des œufs pondus par chaque femelle est très-variable. J'ai obtenu les chiffres suivants : 171, 172, 257, 270, 347. Le Père d'Incarville dit de 400 à 500. Je crois que la moyenne est d'environ 250. Après 7 à 8 jours, et par une température de 20 à 35°, l'éclosion des jeunes chenilles a commencé ; c'est vers le 14 septembre que les premières se sont montrées, c'est donc seulement 40 jours après l'entrée de la chenille en cocon que la deuxième génération commence son évolution. Des feuilles d'Ailante étant placées à leur proximité, les jeunes chenilles s'y rendent d'elles-mêmes et s'y groupent sur la face inférieure des folioles, en se rangeant parallèlement les unes aux autres par nombre de 6, 8, 10 ou 12 à la fois. Les œufs et les chenilles que j'ai obtenus ont été distribués à différentes personnes, et voici les résultats auxquels on est arrivé.

Mais avant de rapporter les principales circonstances qui ont été remarquées, il est bon de faire observer, que, pendant le temps de la transformation de la chenille en chrysalide, de celle-ci en papillon, de l'accouplement et de la ponte de ceux-ci, ainsi que durant l'incubation des œufs, la saison avait marché, la végétation de l'Ailante avait cessé, les pousses du printemps étaient devenues épaisses et coriaces, et par conséquent impropres à la nourriture des jeunes vers. Quant aux feuilles qui s'étaient développées en juillet et en août, elles ne recevaient plus de sève, une partie des vaisseaux conducteurs du fluide nourricier étaient obstrués ou ne fonctionnaient plus, alors les feuilles se flétrissaient quelques heures après leur récolte, et, malgré le soin que je prenais de choisir les plus vertes et les plus tendres, et d'en tenir une partie dans l'eau, elles ne tardaient pas à se dessécher, aussi les jeunes vers n'en voulurent-ils pas manger. Dans la seule tentative que je fis pour en élever chez moi, soit en essayant de les nourrir sur les feuilles elles-mêmes, comme je l'avais fait pour les éducations précédentes, soit en leur donnant des feuilles hachées, que je renouvelais d'heure en heure, bien peu se mirent à ce régime, et douze cents d'entr'eux périrent en 24 heures, et en cinq jours il ne me restait pas un seul ver de tous ceux que m'avaient fournis 10 grammes de graine récoltée dans les premiers jours de la ponte. J'estime à plus de deux mille le nombre des victimes de cette malheureuse tentative.

N° 11. Le 9 septembre j'ai remis à M. Belhomme six

grammes de graine provenant de la ponte des deux jours précédents. Ces œufs ont été placés, à la température moyenne de 15°, sur du papier humide, dans l'une des serres du Jardin botanique de Metz. L'éclosion n'a commencé que le 29 septembre et s'est terminée le 9 octobre après avoir produit 1593 chenilles, dont 605 étaient déjà mortes, quand les dernières sortaient seulement de l'œuf.

Après avoir conservé pendant quelques jours les chenilles à l'abri, on en a placé à l'air libre 440, le 4 octobre, et 542 le 16 octobre, sur des plants d'Ailante de l'année, et ayant encore une végétation vigoureuse en apparence. Je laisserai maintenant à M. Belhomme le soin de raconter la fin de l'histoire de ces 982 chenilles du Bombyx de l'Ailante. « Depuis le 1ᵉʳ octobre, la température va continuellement en diminuant et les nuits deviennent de plus en plus fraîches. Le 22 octobre, il gèle à — 1°, et les vers ne paraissent pas en souffrir. Le 23, le thermomètre descend à — 2°, une grande quantité de vers sont morts pendant la nuit. J'en ai retiré une vingtaine des plus vigoureux, pour être élevés dans la serre, les autres n'ont pas survécu, ils sont morts la nuit suivante. A partir du 30 octobre il n'y avait plus de feuilles d'Ailante et les vers rentrés dans la serre, abandonnés à leur malheureux sort, se sont tous retirés sur la *Salvia splendens*, plante du Brésil, dont ils ont continué à manger les feuilles jusque vers le 15 novembre, époque à laquelle ils avaient subi leur dernière mue, et avaient atteint toute leur grosseur; en ce moment quelques-unes sont mortes, et les autres ont entièrement disparu sans qu'il me soit possible, aujourd'hui 24 décembre, d'en retrouver une seule. Comme les serres, à cette époque de l'année sont encombrées, il est impossible de faire une perquisition générale. Toutefois, il doit y avoir quelques cocons de formés, et nous les retrouverons au printemps, à moins cependant que les papillons n'éclosent avant cette époque, ainsi que cela est déjà arrivé pour des cocons du Bombyx du Métis de la seconde génération élevée par M. Thomas, et qui, restés dans la serre, ont donné des papillons qui se sont accouplés, ont pondu, et ont même donné quelques chenilles de troisième génération. »

Les faits les plus saillants de cette expérience sont la rusticité des vers qui n'ont succombé qu'à un froid de — 2°, et leur instinct de conservation qui, dans une serre contenant des plantes si diverses, leur en a fait découvrir une pouvant convenir à leur alimentation pendant le reste de leur existence à l'état de chenilles.

N° 12. Le 8 septembre, j'ai envoyé à M. Moreau, à Daspich, six grammes de graine provenant, comme la précédente, des dernières pontes du Bombyx de l'Ailante. Ces œufs ont été placés dans une serre dont la température montait à 24 ou 25°, pendant le jour, et dans des conditions d'humidité favorables à la sortie du ver. Ce n'est que le 26 septembre, trois semaines après la ponte, que les premières éclosions ont eu lieu, elles ont continué jusqu'au 9 octobre, époque à laquelle il ne restait plus qu'une quarantaine d'œufs stériles. Les vers ont été placés immédiatement sur le Vernis du Japon, mais à l'abri, et ont opéré leur première mue le 1er octobre, ils étaient alors au nombre de 639, et malgré les conditions peu favorables dans lesquelles se trouvaient les feuilles d'Ailante, la mortalité a été peu considérable, comparativement à celle que j'avais observée moi-même. La deuxième mue a eu lieu vers le 10 octobre; après cette opération il ne restait plus qu'une centaine de vers en bon état. C'est alors qu'ils ont été placés en plein air, sur un jeune Ailante, et voici en quels termes M. Moreau m'a annoncé la fin de cette éducation: « Vers le 10 octobre, comme vous me l'aviez demandé, j'en ai placé une centaine en plein air, je n'avais pas osé le faire jusque-là, trouvant la saison trop peu favorable et trop avancée; eh bien, malgré des pluies torrentielles, des vents violents, des brouillards épais, qui duraient des journées entières, des nuits fraîches ou froides, ces vers ont vécu, ont opéré leur troisième mue, presqu'aussi facilement que les autres, la mortalité a été d'environ un quart; le 20 octobre, j'ai quitté Daspich, les abandonnant au jardinier, vous connaissez leur sort depuis, la gelée leur a coupé le cou. » La nuit du 4 novembre, le thermomètre est en effet descendu à 4° au-dessous de zéro, et toutes les chenilles sont mortes. Les autres vers provenant des mêmes œufs ont bien marché jusqu'au 28 octobre, mais, rapportés à Metz pour y être élevés à l'abri, avec des feuilles d'Ailante plongeant dans l'eau, ils sont tous morts quelques jours après, faute d'une nourriture convenable.

Cette éducation, quoique négative dans ses résultats, n'en est pas moins très-instructive, en ce quelle démontre, comme la précédente, la rusticité du ver de l'Ailante, et la possibilité de l'élever dans notre pays en remplissant toutefois certaines conditions. Nous aurons occasion de développer plus loin les dispositions à prendre pour atteindre ce but.

N° 13. En outre des 639 chenilles obtenues par M. Moreau avec les six grammes de graine que je lui avais envoyés le 8 septembre, il en a encore obtenu 1145 autres qui ont été placés sur des Aulnes (*Alnus glutinosa*), depuis le 26 septembre jusqu'au 7 octobre, époque à laquelle se sont terminées les éclosions. Je laisse encore à M. Moreau le soin de raconter lui-même les résultats de cette expérience: « Vous remarquerez que j'ai placé sur l'aulne le double de vers que sur le vernis, je croyais, la saison étant avancée et le vernis perdant ses feuilles de bonne heure, m'assurer de la nourriture pour un peu plus de temps, c'était une erreur, car si l'aulne est moins susceptible de recevoir les impressions du froid, ses feuilles n'en deviennent pas moins dures et de mauvaise qualité. Du reste, là n'est pas la question. L'observation m'a prouvé que l'on ne pouvait raisonnablement essayer de faire des éducations sur cet arbre, si ce n'est pour s'amuser. Les vers prennent mal et tombent sans cesse, ils grossissent moins rapidement, enfin ils sont bien inférieurs à ceux qui sont élevés sur l'Ailante; sur le vernis j'en ai perdu peu, c'était l'exception, sur l'aulne, au contraire, la mortalité a été très-grande; quand j'ai quitté la campagne, le 20 octobre, il en restait moins sur l'aulne que sur le vernis, ce qui ferait une perte de plus de moitié. Avant la première mue, qui a eu lieu vers le 1er octobre, sur le vernis comme sur l'aulne, il en est mort beaucoup, avant la deuxième, il en est mort un peu moins, je n'ai pas vu la troisième qui était en retard sur celle du vernis. Je crois qu'il n'y a pas à essayer de nouveau sur l'aulne, ce serait, à moins que mon expérience n'ait été manquée, perdre son temps et son argent. Chez MM. Simon, j'ai vu des vers très-bien portants sur des branches de cet arbre, mais il s'agit de savoir combien on en sacrifie pour en obtenir quelques cocons. »

Malgré les observations qui précèdent, je crois qu'il ne faut pas encore en conclure que les éducations sur l'aune ne puissent se faire dans la Moselle, car on peut attribuer une grande partie de l'insuccès de M. Moreau à la température et au mauvais état végétatif des feuilles sur lesquelles les vers ont vécu. Il en ressort cependant la confirmation du fait déjà signalé, du développement plus lent des vers nourris avec l'aulne, sur ceux nourris avec l'Ailante.

N° 14. Le 20 septembre, j'ai remis à M. Thomas dix grammes de graine du Bombyx de l'Ailante. Ces œufs qui avaient été pondus le 15 et le 16, ont été placés dans la serre à reproduction, où il existe constamment une température et une humidité favorables à leur éclosion. Les jeunes chenilles n'ont commencé à paraître que le 26 septembre. L'éclosion n'a été terminée que le 10 octobre, alors il y avait environ 1950 vers bien portants, dont 1800 ont été placés en plein air sur des jeunes Ailantes provenant de semis faits au printemps. La plupart des jeunes vers avaient déjà subi une première mue sans accident. La seconde mue s'est encore opérée en plein air sans trop grande perte ; mais les vers étaient déjà âgés de 20 jours lors de cette seconde mue, tandis que dans les circonstances ordinaires, ils entrent déjà dans le quatrième âge. Cependant, tout marchait assez bien, lorsque le 4 novembre le thermomètre est descendu à — 4°, tous les vers moururent pendant cette nuit, et les feuilles de l'Ailante même devinrent si malades que très probablement il n'aurait plus été possible de les faire servir à la nourriture des vers qui auraient survécu.

Les 150 chenilles qui n'avaient pas été mises en plein air ont été élevées en serre chaude, partie sur des feuilles d'ailante, partie sur des feuilles d'aulne*. Les vers se portaient tous bien et avaient déjà subi trois changements de peau sans encombre, lorsque le fils de M. Thomas tomba malade, alors ces chenilles furent négligées, et c'est par hasard que

---

* Ce sont ceux dont parle M. Moreau dans sa lettre.

quelques vers de chaque catégorie parvinrent à faire leurs cocons. Ceux-ci sont remarquables par leur grosseur, mais ils paraissent minces, comme parcheminés, et pas plus riches en soie que ceux qui leur sont inférieurs en dimension.

Ici se termine la série malheureuse de nos expériences sur les vers de la seconde génération du Bombyx de l'Ailante. Bien que ces résultats soient négatifs, il ne serait pas rationnel d'en conclure d'une manière absolue que, dans la Moselle, on ne saurait faire deux éducations de vers dans l'année, car les insuccès signalés plus haut dépendent du défaut de nourriture appropriée, plutôt que de l'aptitude des chenilles à supporter les vicissitudes atmosphériques qui se manifestent d'habitude dans notre pays, pendant les mois de septembre et d'octobre. Il est évident que, pour obtenir des cocons de la seconde génération, il faudrait pouvoir la commencer beaucoup plus tôt, et par conséquent commencer la première en mai, et non en juillet. Les cocons du Bombyx Cynthia de la seconde génération passant l'hiver sans éclore, on pourra, dès la fin d'avril, placer ces cocons dans une atmosphère suffisamment humide et chaude, pour en faire éclore les papillons. La ponte se ferait en mai, et l'éclosion des œufs aurait lieu vers la fin de ce mois ou dès les premiers jours de juin. Comme les chenilles mangent fort peu pendant les deux premiers âges, on atteindrait ainsi le milieu de juin, époque à laquelle les feuilles d'Ailante sont abondantes et suffisamment développées. L'éducation première étant ainsi terminée en juin, la seconde pourrait commencer en août et se terminer en septembre. Ces résultats me paraissent réalisables et sont dans les limites très-ordinaires des choses possibles.

Il nous reste encore à examiner si, dans notre département, l'Ailante peut être cultivé en grand, et si les résultats ainsi que les produits de ce travail pourront en couvrir les frais et rémunérer convenablement les agriculteurs qui voudront entreprendre cette culture. Mais avant d'examiner ces questions dont l'importance n'échappera à personne, il est bon d'indiquer quelques particularités qui ont été observées pendant les diverses éducations du Bombyx de l'Ailante.

Ayant négligé d'humecter les cocons destinés à donner des papillons reproducteurs, il en est résulté qu'une assez forte proportion n'a pas donné d'éclosion ; la plupart de ces cocons contenaient cependant des papillons bien conformés, mais qui n'ont pas eu assez de force pour écarter les boucles de soie qui ferment l'entrée du cocon.

Le nombre des mâles a été de beaucoup supérieur à celui des femelles. Celles-ci paraissaient en général moins vives que les mâles, et plusieurs d'entre elles étaient peu disposées à recevoir l'accouplement.

En général, la ponte s'est opérée assez rapidement, mais toutes les femelles ont conservé un certain nombre d'œufs sans les pondre, plusieurs en contenaient encore plus de cent, et quelques-unes plus de deux cents. En examinant l'abdomen de ces femelles, j'ai trouvé chez presque toutes le dernier anneau de l'abdomen plus ou moins desséché, complétement contracté même chez plusieurs. C'est évidemment à cette particularité qu'il faut attribuer le plus ou moins grand nombre d'œufs restés dans l'abdomen. Mais quelle est la cause de cette contraction ? Est-ce une maladie particulière ou est-ce la faute de mon inexpérience ? C'est à ceux qui sont plus que moi versés dans l'art de la sériciculture, que je demande l'explication de cette fâcheuse anomalie.

Ayant ainsi récolté environ 12 grammes de ces œufs non expulsés de l'abdomen de la femelle, je les ai placés dans les conditions nécessaires pour en obtenir l'éclosion, et *une seule* chenille est sortie de cette grande quantité d'œufs, qui, normalement pondus, en aurait produit environ trois mille. Il résulte évidemment de cette expérience qu'on ne saurait, ainsi que je l'ai déjà dit, fonder plus d'espérances sur l'emploi de ces œufs non expulsés que sur la fécondation artificielle des Bombyx.

Dix grammes d'œufs normalement pondus par des femelles fécondées du Bombyx de l'Ailante de première génération, ont été placés dans une glacière pour s'assurer si l'on pouvait en retarder l'éclosion jusqu'au printemps suivant. Aujourd'hui 24 décembre, ces œufs sont en partie moisis et en partie desséchés, ils sont probablement perdus et ne donneront aucune chenille, quand il sera temps de les faire éclore.

Les œufs du Bombyx de l'Ailante n'éclosent pas, malgré la température favorable, si l'on n'a soin de les humecter auparavant; et, à mesure que cette humidité s'évapore, le nombre des éclosions va en diminuant, elle cesse même complétement si la sécheresse continue. Une autre observation très-remarquable, et constamment observée ici pour les Métis, comme pour les vrais Ailantes de première ou de seconde génération, c'est que les éclosions du papillon, ainsi que celle des œufs, se font de préférence dans la matinée, celles-ci ont ordinairement lieu entre huit heures du matin et midi, on peut même dire qu'en dehors de ces heures le nombre des éclosions est insignifiant.

Enfin, deux faits importants à signaler, et qui ne se rapportent qu'aux premières éducations du ver de l'Ailante, les seules qui aient été conduites à bonne fin, c'est la lenteur de certains vers à former leur cocon, et la petitesse de plusieurs. Evidemment, la longueur des nuits et la fraîcheur de quelques-unes ont été pour beaucoup dans la lenteur avec laquelle cette opération s'est effectuée; mais la diminution de la quantité de soie produite ne saurait avoir d'autres causes que la nourriture que recevaient ces vers, et qui, ainsi que je l'ai déjà dit, était de mauvaise qualité.

Un certain nombre des dernières chenilles de l'éducation n° 9, après s'être vidées comme les autres, et avoir commencé à s'entourer d'une foliole d'Ailante, ont abandonné ce commencement de cocons et sont allées gaspiller le peu de soie qu'elles produisaient sur d'autres folioles ou dans quelques coins à leur proximité. Plusieurs vers, renfermés isolément dans de petites boîtes ou dans des cornets de papier, y ont cependant, malgré leur vagabondage, filé un cocon plus ou moins épais et, en général, de couleur blanche ou à peine coloré; d'autres, enfin se sont transformés en chrysalides sans rester dans le cocon qu'ils avaient commencé. Bien que la température ait été plus favorable pour ceux qui ont été élevés à l'abri que pour ceux qui ont été élevés en plein air (mais sur des branches coupées et dont la base plongeait dans l'eau), le même phénomène a été observé sur tous deux, tandis que ceux qui ont été élevés en plein air, mais sur des pieds d'ailante ou d'aune, n'ont pas donné d'aussi pauvres résultats vers la fin de leur éducation.

Culture de l'Ailante.

L'Ailante (*Ailantus glandulosa*, Desf.) est un arbre originaire de la Chine, depuis longtemps acclimaté en Europe. Il appartient à la famille des Rutacées de Jussieu (tribu des *Xanthoxylées*). Connu sous les noms de vernis de la Chine, vernis du Japon, arbre du Ciel, Ailante, etc; il a été décrit par plusieurs botanistes sous les noms de *Ailantus procera* (Salisb.), *Rhus hypsolodendron* (Mauch.), *Rhus cacodendron* (Ehrh.), etc., etc.; ses feuilles imparipennées sont assez semblables à celles du frêne, ce qui a causé l'erreur de plusieurs voyageurs, qui ont pris l'Ailante pour le *Fraxinus excelsior*. Chaque foliole porte vers le tiers de sa longueur une petite échancrure près de laquelle se trouve une petite glande, de là le nom spécifique de *Glandulosa* donné à cet arbre, c'est un caractère facile à le distinguer du frêne. Le rachis des feuilles d'Ailante est souvent coloré en rouge en-dessus ; dans les arbres vigoureux, on trouve des feuilles qui atteignent et dépassent même la longueur d'un mètre.

La végétation de l'Ailante est rapide, je dois à l'obligeance d'un praticien bien connu de tous nos horticulteurs, M. Thomas, les renseignements qui suivent sur le parti qu'on pourrait tirer de cet arbre, dans la Moselle, pour y faire des éducations du *Bombyx Cynthia* ; l'autorité sur laquelle je m'appuie, permet d'accorder toute confiance à ces observations pleines d'intérêt et d'actualité.

L'Ailante, sans croître partout où la végétation est possible, peut cependant s'accommoder de terrains assez différents. Un sol humide et un peu profond est celui qui lui conviendrait le mieux ; il pourrait également réussir dans un terrain aride, meuble et facilement perméable, en raison de ses longues racines traçantes et drageonnantes ; dans un sol profond, sa racine reste au contraire pivotante, et dans ce cas il drageonne peu.

Les jeunes arbres provenant de semis faits en mars ou en avril, seraient déjà assez développés en août pour qu'on pût y faire une petite éducation de seconde génération, de manière à préparer les cocons qui, l'année suivante, donneraient la graine pour la première éducation. Si, au lieu de semer au printemps, on plantait de jeunes Ailantes provenant de boutures élevées en pépinière, on pourrait également faire une éducation en août, et même la faire plus nombreuse que dans le premier cas. Mais comme c'est en juin et en juillet que la végétation de l'Ailante est la plus vigoureuse et que les jeunes arbres, de semis ou de replants, ont besoin de toutes leurs feuilles pour développer leurs racines et acquérir de la force, je conseille de ne faire cette année qu'une éducation de 10 ou 12 vers seulement pour chaque pied.

A la seconde année de plantation, on pourrait, dès le mois de juin, faire une première éducation qui serait suivie d'une plus nombreuse en août. Enfin, en faisant un recepage à la fin de cette seconde année, on fera développer pour le printemps suivant de nombreux drageons et des bourgeons vigoureux pour la pousse d'août. Dans les bons terrains, les plantations pourront se faire en quinconce, en ligne ou en petits massifs; mais quel que soit l'arrangement adopté, il ne tardera pas à être détruit par les nombreux drageons qui se développeront, surtout si le sol n'est pas profond. Dans les terrains de médiocre qualité, le meilleur moyen sera de faire des tranchées à la distance de 2 m. 50 c. à 3 mètres, et d'y planter les pieds d'Ailante à un mètre de distance; dans ce cas, et pour les terrains en pente, les rigoles devront être faites horizontalement, de manière à retenir les eaux pluviales. Si, dans les terrains maigres, on préfère planter en quinconce, on fera des trous à la distance de 2 mètres environ. Dans l'un comme dans l'autre cas, pour maintenir les allées libres, faciliter la récolte des cocons et la surveillance des vers, et aussi pour donner plus de vigueur aux plants principaux, il faudra détruire tous les drageons qui pourront se produire. L'engrais ne sera nécessaire que pendant les deux premières années, car la plantation étant habitée par les vers, les excréments de ceux-ci suffiront pour entretenir le sol dans un état convenable de fumure.

Le bois de l'Ailante est très-moelleux, les rameaux des jeunes sujets, et ceux qui ont végété trop tard en automne, souffrent pendant l'hiver, mais la souche peut, sans inconvénients, supporter nos hivers les plus rigoureux. En faisant le recepage dans les plantations d'Ailante, on fera bien de ménager des baliveaux espacés de huit à dix mètres, afin d'obtenir un boisement productif et de protéger les vers qui seront élevés sur les petits sujets.

Dans un bon sol, un Ailante de 12 ans peut acquérir vingt centimètres de diamètre; mais, dans les terrains maigres ou peu meubles, la croissance en est beaucoup moins rapide. Le bois de l'Ailante est d'un blanc jaunâtre, aussi bon que le noyer selon les uns, bien inférieur selon les autres; quelquefois il est veiné de vert; susceptible d'un beau poli, et se tourmentant beaucoup par l'humidité; on ne doit, pour l'ébénisterie, l'employer qu'en placage. Enfin les feuilles de l'Ailante ne poussant que fin de mai, il n'y a rien à craindre pour elles des gelées tardives du printemps, qui, dans notre pays, compromettent si souvent certaines cultures.

Il existe plusieurs variétés de l'Ailante glanduleux, mais les auteurs n'en font pas mention. Au jardin botanique de Metz, les sujets qui s'y trouvent, ont la feuille coriace, ferme et luisante. Jeunes, ces feuilles sont peu odorantes; se flétrissant lentement, elles conviennent parfaitement pour les éducations privées, si l'on tient leur base plongée dans l'eau. C'est de toutes les feuilles que nous avons essayées, celles qui paraissaient le mieux convenir aux chenilles du *Bombyx Cynthia*. Chez MM. Simon-Louis frères, il existe une variété indiquée sur leur catalogue sous le nom de *Erythrocarpa*, dont les feuilles atteignent une dimension énorme (plus d'un mètre); les folioles sont plus grandes, d'un vert plus tendre, d'une consistance plus molle, rarement luisantes, le limbe souvent ondulé. Jeunes, ces feuilles sont très-odorantes et se flétrissent rapidement, aussi les vers qui avaient été nourris des feuilles de la variété précédente n'en voulurent-ils pas manger. En plein air, ces inconvénients disparaissent en grande partie, et les résultats obtenus avec ces feuilles, par M. Thomas, ne laissent aucun doute sur leur parfaite convenance pour les éducations sur pied. Mais je crois que les insuccès de mes éducations avec la seconde génération du ver de l'Ailante peuvent, en grande partie, être attribués à la rapidité avec laquelle elles se flétrissaient.

En résumé, la culture de l'Ailante, en taillis, en haie, en quinconce ou en massif, me paraît possible dans une foule de terrains de notre département, et je crois même qu'en cherchant un peu, on en trouverait plusieurs qui, inoccupés en ce moment, pourraient être mis en rapport par la culture de cet arbre. En faisant de pareilles plantations, on créerait des ressources pour les éducations du *Bombyx Cynthia*, en même temps qu'on assurerait le reboisement du sol, tout en prélevant annuellement la récolte de la soie pour couvrir l'intérêt et l'amortissement des débours que l'on aurait faits.

Après avoir démontré la possibilité d'introduire dans notre département une industrie nouvelle, il me reste à examiner la valeur probable de ses produits et à indiquer dans quelles conditions il faudra se placer pour rendre la chose pratique et donner aussi, aux cultivateurs, la juste rémunération des peines qu'elle nécessitera.

Conclusions.

Ainsi que je l'ai dit en commençant, sans parti pris d'avance, je ne veux promettre ni récoltes, ni bénéfices extraordinaires; je ne veux faire naître le découragement dans l'esprit d'aucun de ceux qui pensent qu'on peut rendre un très-grand service à son pays, en y propageant une industrie accessible à toutes les bourses, à tous les individus, et praticable presque dans toutes les localités.

Les chiffres que je vais donner résultent des expériences que j'ai rapportées plus haut, et je laisserai à chacun le soin d'en tirer les conséquences qu'il voudra sur le résultat final en faisant entrer dans ses calculs la valeur du sol qu'il veut cultiver, les frais de main-d'œuvre, de jardinage et, par dessus tout, le mode d'utilisation de la soie obtenue. J'ai confiance dans la possibilité d'élever le ver de l'Ailante dans notre département, mais n'oublions pas que là n'est pas toute la question. Le Bombyx du Mûrier est aussi susceptible d'être élevé dans la Moselle ; les produits qu'on en a obtenus, ont été reconnus magnifiques, et cependant les plus enthousiastes partisans y ont complétement renoncé, parce que, d'une part, ils n'ont pu former d'ouvriers capables de diriger des travaux aussi délicats et que d'autre part, ils ne pouvaient avantageusement se défaire des soies obtenues.

Mille cocons frais pèsent, au moment de la récolte, et par conséquent avec la foliole qui entoure chacun d'eux, 3,800 grammes. Dix jours plus tard, ces cocons ne pèsent plus que 2,500 ; après la sortie du papillon et l'enlèvement de la feuille il ne reste plus que 427 grammes. Enfin, quand on a séparé les cocons desquels le papillon n'est pas sorti, ou dont la chenille est morte sans se chrysalider, les débris de la chrysalide et de la dernière peau de la chenille, 1,000 cocons ne pèsent plus que 248 grammes.

La mortalité des vers de l'Ailante dans les éducations faites avec des feuilles de l'arbre coupé, a lieu surtout dans le jeune âge ; en plein air, au contraire, si l'on dépose immédiatement les jeunes chenilles sur les arbres, cette mortalité est bien moins considérable. On restera sans aucun doute en deçà de toute exagération, en estimant à la moitié le chiffre total des vers qui, dans une éducation, pourront être conduits à former leurs cocons. En élevant 2,000 vers, on obtiendra donc 1,000 cocons produisant 248 grammes de soie brute. C'est-à-dire que, pour avoir un kilogramme de soie brute, il faudra coconner *quatre mille vers*, et par conséquent commencer l'éducation avec huit mille vers et prendre pour cela environ 40 grammes de graine. Dans la pratique, ce sont les cocons dépouillés de leurs feuilles mais non entièrement dépouillés des restes de chrysalide qui seront livrés aux industriels, lesquels se chargeront de mettre la soie en œuvre ; 1,000 cocons donneront donc en moyenne 427 grammes, résultat presque identique à celui qui est indiqué par M. Guérin *. En prenant donc une moyenne de 420, il faudra coconner 2,400 vers, et par conséquent commencer l'éducation avec 4,800 œufs ou environ 20 grammes en poids de graines.

Il est assez difficile, quant à présent, de donner avec un peu de certitude, la valeur marchande des cocons ainsi obtenus. En Chine, où l'on ne dévide pas cette soie, elle sert à faire des filés que l'on emploie seuls ou mélangés pour la confection des étoffes dont la durée est remarquable et dont le prix d'achat est, d'après les renseignements fournis à la société d'acclimatation, double des étoffes de coton. Il ne saurait y avoir de doutes sur la supériorité que nous pouvons obtenir des filés de la soie de l'Ailante**, sur ceux

---

*. Voyez : *Revue et Magasin de Zoologie*, année 1859, page 446. Dans le compte-rendu des éducations des vers de l'Ailante, M. Guérin dit que 239 cocons du Bombyx de l'Ailante pèsent 100 grammes. Ce qui correspond à 418 grammes au lieu de 427 que j'ai obtenus.

** M. Guérin propose de nommer cette soie *Ailantine*, je ne vois pas trop

dont les Chinois font usage, mais nos procédés sont plus compliqués et la main-d'œuvre en France beaucoup plus chère que dans ce pays. M. Guérin, assimilant les cocons du ver de l'Ailante aux cocons percés du ver à soie ordinaire, leur attribue une valeur de 3 fr. le kilogramme. Je crois qu'il faut en rabattre beaucoup, parce que la filoselle du Mûrier est plus belle que celle de l'Ailante, et parce que ce n'est qu'exceptionnellement, que, dans ces dernières années, les cocons percés ont atteint cette valeur de 3 francs. Je crois donc inutile de suivre M. Guérin dans les calculs qu'il fonde sur ce prix, et au moyen desquels il arrive à promettre un bénéfice annuel de plus de 25 pour cent du capital employé, amortissement, intérêts et frais de toutes sortes prélevés d'avance. Non-seulement, je ne crois pas à d'aussi magnifiques résultats, mais je crois leur publication dangereuse, car ils mettent les hommes pratiques en défiance et conduisent les crédules à des déceptions qui jettent le discrédit sur toutes les innovations.

En supposant un hectare de terrain planté d'Ailante, à la distance moyenne de 1 mètre 50 par pied, on aurait ainsi environ 4,500 pieds d'Ailante, sur chacun desquels on pourrait élever, la troisième année, 50 vers à la première éducation de juin, et 100 vers à la deuxième éducation d'août, soit donc 150 vers par pied ou 675,000 vers conduits à donner leurs cocons, ce qui représente environ 280 kilogrammes de soie ou environ 500 francs, en n'estimant ces cocons qu'à deux francs le kilogramme. Si, sur ce produit,

la nécessité de changer le nom de soie de l'Ailante qui est l'analogue de soie du Mûrier, soie du Ricin ; d'ailleurs le nom d'ailantine est mal choisi, car d'après les habitudes prises dans la chimie organique, ce nom est applicable au principe particulier que renferme l'Ailante et auquel il doit sans doute ses propriétés vermifuges.

on déduit les frais de gardiennage de récolte, l'amortissement des frais de plantation, l'imposition du terrain, la rente du capital engagé, on pourra se faire une idée du rapport approximatif de ce genre d'industrie. Mais avant d'en arriver là il y a encore bien des choses à faire, car tout ce qui est relatif à la mise en œuvre de la bourre de l'Ailante, à la teinture, aux usages de cette nouvelle soie, est à peine ébauchée par quelques industriels ; c'est pourtant à eux qu'il appartient de dire le dernier mot et de fixer le prix auquel on pourra vendre les cocons récoltés.

Comme pour toutes les choses nouvelles, il faut, pour la faire réussir, se défier des illusions des enthousiastes, ainsi que le concours des hommes pratiques qui savent qu'en agriculture, ou en industrie, le succès est lent à se produire et ne s'obtient, le plus souvent, qu'après de lourds et constants sacrifices de travail et d'argent. La culture du ver de l'Ailante, et ce que je dis ici est également applicable aux autres Bombyx du ricin, du chêne, etc., a besoin d'être encouragée dans le début, mais ce n'est pas avec des médailles d'une valeur de 100 fr. pour la production de 100 kilogrammes de cocons, qu'on encouragera beaucoup les essais de ce genre*. Il faudrait tout simplement établir dans chaque département un comptoir où tous les producteurs, grands et petits, pourraient apporter leur récolte et l'échanger contre des écus. Tous les ans, on ferait connaître la valeur à laquelle seraient payés les cocons et chacun pourrait, dans la limite de ses ressources et de ses forces, faire l'éducation d'une plus ou moins grande quantité de graine.

On a souvent reproché aux cultivateurs leur apathie et

---

* Programme des récompenses décernées par la Société industrielle de Mulhouse, en 1859.

leur indifférence pour les cultures nouvelles. Qu'on voie cependant ce qui se passe dans la Moselle, où la culture du tabac était inconnue il y a quelques années et où elle se répand de tous côtés uniquement, ou tout au moins en grande partie, parce que la récolte étant faite, les planteurs n'ont plus qu'à apporter leurs produits pour recevoir la rémunération de leurs peines et rentrer dans leurs avances. Qu'on procède de même pour l'industrie dont il est ici question, et un grand pas sera fait pour en étendre la vulgarisation. Le système que je propose n'est pas nouveau, et il a l'avantage de rétribuer chacun selon ses œuvres et d'éviter, ce qui n'arrive que trop souvent, que les deniers publics destinés à encourager l'agriculture ne soient employés à encourager les efforts d'un moment ou à satisfaire une coterie.

Pour me résumer, je crois qu'il faut essayer sérieusement, l'éducation du Bombyx de l'Ailante dans la Moselle. Avec les cocons obtenus par M. Thomas au mois de novembre dernier, je pense, en les plaçant dans les conditions nécessaires, en faire éclore les papillons en avril, de manière à faire une première éducation vers la fin de mai ou en juin, et par conséquent avoir de la graine en juillet. D'ici là, qu'on plante au printemps, partout où l'on pourra le faire, des jeunes Ailantes, dont le prix n'est pas élevé, et pendant l'été, je tiendrai à la disposition de tous ceux qui voudront en essayer, une petite quantité d'œufs avec lesquels on pourra faire une première éducation, et se préparer, par l'expérience d'abord, et par la production de la graine ensuite, à faire des éducations plus nombreuses en 1861.

Aujourd'hui, ma tâche est terminée. J'ai exposé, je crois, tous les éléments de la question, et cela, en mettant les choses sous leur véritable jour. J'ai pensé qu'il appartenait à un entomologiste de faire, dans la Moselle, les premières éducations des Bombyx indiens ou chinois et à démontrer que ces insectes pouvaient parfaitement se développer dans notre pays. C'est maintenant aux cultivateurs éclairés qu'il faut en recommander la vulgarisation, et au pouvoir à encourager efficacement les premiers pas d'une industrie possible, qui pourra un jour ajouter un élément de plus à la richesse nationale et contribuer à la mise en rapport de beaucoup de terres incultes.

Metz, le 24 décembre 1859.

www.ingramcontent.com/pod-product-compliance
Lightning Source LLC
LaVergne TN
LVHW020053090426
835510LV00040B/1682